給孩子的趣味中國史

三國‧兩晉‧南北朝

陳麗華　主編　　　蒙陽　繪

中華教育

給孩子的趣味中國史

三國・兩晉・南北朝

陳麗華　主編　　　　　蒙陽　繪

責任編輯	練嘉茹	馬楚燕
裝幀設計	綠色人	
排　　版	陳美連	
印　　務	劉漢舉	

出版　中華教育

香港北角英皇道 499 號北角工業大廈 1 樓 B
電話：(852)2137 2338　傳真：(852)2713 8202
電子郵件：info@chunghwabook.com.hk
網址：http://www.chunghwabook.com.hk

發行　香港聯合書刊物流有限公司

香港新界荃灣德士古道220-248號荃灣工業中心16樓
電話：(852)2150 2100　傳真：(852)2407 3062
電子郵件：info@suplogistics.com.hk

印刷　美雅印刷製本有限公司

香港觀塘榮業街 6 號海濱工業大廈 4 字樓 A 室

版次　2019 年 9 月第 1 版第 1 次印刷
　　　2021 年 4 月第 1 版第 2 次印刷

©2019 2021 中華教育

規格　16 開（205mm x 170mm）

ISBN　978-988-8573-89-9

目錄

破碎的版圖，三國崛起

東漢末年，朝廷為了平定太監內亂，命一直駐守在涼州的董卓回皇宮幫忙。雖然最後太監們被打敗，但董卓卻靠着強大的兵力，自封相國，操縱小皇帝，東漢皇室從此名存實亡。

朝廷裏亂成一鍋粥，朝廷外各地官員為了保護自己，紛紛培養自己的軍隊，搶奪地盤，稱霸一方。他們之間互相攻打，爭奪地盤，天下再次陷入混亂。

小皇帝，以後你要聽我的！

哎喲，這些大官又吵起來了。

全都抓起來，送上戰場！

這塊地方我們也佔了吧！

如果把東漢完整的領土比作一幅拼圖,「董卓亂政」就像一把錘子,把這幅拼圖打得稀碎,群雄紛紛搶奪拼圖的碎片,重新拼出屬於自己的版圖。

三國鼎立分天下

天下變得四分五裂,在一輪你爭我奪後,魏國、蜀國和吳國漸漸變成其中最強大的三個國家,也就是歷史上有名的「三國」。

曹操不滿董卓的行為,離開東漢朝廷,征戰四方,打贏了很多戰役,最終統一北方,為將來魏的強大奠定了基礎。

兒啊,這是爹給你打下的江山!

弟弟,這是哥給你打下的江山!

劉備自幼生活艱苦,長大後投靠過很多人,還參加過黃巾起義。他曾三顧茅廬請到諸葛亮出山協助,先後奪取了荊州、益州,最終建立了蜀。

孫權的父親孫堅和兄長孫策,在東漢末年群雄爭霸中奪取了揚州等地。待孫堅、孫策去世後,孫權接管了父兄的地盤,隨後建立吳。

三國英雄譜

亂世出英雄，三國時期戰火紛飛，湧現出無數英雄好漢，
他們的故事流傳千古。

據《古今刀劍錄》記
載，劉備曾鑄造八把寶
劍，一把自己使用，其
餘七把分別賜予劉禪
（shàn）、劉永、劉理、
諸葛亮、關羽、張飛、
趙雲。

劉備軍團
劉備善用人才，對下屬很好，
他的「仁德」常被世人稱讚；
軍師諸葛亮一生鞠躬盡瘁、
死而後已，是中國傳統文化
中「忠誠」與「智慧」的代表人
物；「常勝將軍」趙雲、「萬
人敵」張飛、「武聖」關羽都
是著名的武將。

武將・張飛

武將・趙雲

武將・關羽

謀臣・諸葛亮

主帥・劉備

赤兔馬
曾是關羽的坐騎

武將・典韋

主帥・曹操

謀臣・司馬懿

武將・夏侯惇

武將・許褚

曹操軍團

曹操精通兵法，善詩歌，志向遠大，是三國中魏國的奠基人。魏謀臣司馬懿（yì）曾兩次率大軍成功抵擋諸葛亮的軍事進攻，是輔佐了魏4代帝王的重臣。魏著名的武將有：為保護曹操，獨擋叛軍，最終戰死的典韋；深得曹操信任，與典韋一起統領虎衞軍，人稱「虎痴」的許褚（chǔ）；為人儉樸，所得賞賜全部分給將士的夏侯惇（dūn）等。

武將・黃蓋

主帥・孫權

武將・周泰

謀臣・周瑜

武將・太史慈

孫權軍團

吳的建立者是孫權，他的父親孫堅和兄長孫策為吳國的建立打下了堅實基礎。軍師周瑜心胸寬廣，才氣橫溢，有出眾的人格魅力。該團隊著名的武將有箭法無雙的太史慈、三朝元老黃蓋、多次救孫權於危難的周泰等。

曹操和他的孩子們

三國初期，東漢最後一任皇帝漢獻帝劉協沒有實權，曹操取得他的信任並控制了他，以漢天子的名義征戰四方，消滅群雄，統一了北方，實力變得越來越強大。曹操非常聰明，又善於使用計謀，但有些計謀過於陰險殘忍，所以人們對他的評價褒貶不一。

統一北方他是英雄！

陰險害人，不算英雄！

京劇臉譜中，紅色一般代表忠義，黑色一般代表正直，白色一般代表奸詐，曹操這一角色的臉譜為白色，「奸相」形象令人印象深刻。

華佗

一代名醫，曾為曹操治療頭痛症。發明了麻藥「麻沸散」，被後世尊為「外科鼻祖」。

既是政治家，又是文學家

曹操歷盡千辛萬苦終於統一了北方，帶領軍隊返回朝廷的途中路過大海，看着雄偉的景象，53歲的曹操寫下了「老驥（jì）伏櫪，志在千里」（出自《龜雖壽》）的名句。現在人們常用這句詩來形容那些年齡雖然較大，但是依然為理想努力的人。

老驥伏櫪，志在千里。烈士暮年，壯心不已。

龐大的子女團

曹操一生共有三十餘名子女，有的青史留名，有的英年早逝。

曹節

曹操的女兒。被曹操獻給漢獻帝做皇后，漢獻帝一共迎娶了曹操的 3 個女兒

曹丕（pī）

曹操的第二個兒子，逼迫漢獻帝退位，建立魏，史稱魏文帝

曹植

曹操最有才華的兒子，能在七步內吟出一首詩

曹沖

被譽為「神童」，「曹沖稱象」的故事流傳至今

望梅止渴

曹操帶領部隊行軍時，天氣炎熱，士兵們口乾舌燥，曹操告訴他們前方不遠處有梅林，士兵們想到酸酸的梅子立刻口生唾液，士氣大振。

> 前面有片梅林，大家堅持住！

> 快走啊！

最完美的丞相諸葛亮

諸葛亮在《三國演義》等文學作品中被刻畫成了神機妙算的「半仙」，雖然有些誇大了，但他的睿智確實讓很多敵人都讚不絕口。諸葛亮不僅是傑出的軍事家、政治家，他在書法、繪畫、文學、發明、音樂等方面也有很高的成就。

↩ 孔明燈

據說，諸葛亮智慧過人，除了武器外還有各種各樣的發明。

他愛好書法，會寫多種字體，文學方面造詣也很高，他所寫的《前出師表》是古代散文中的傑出作品。

他精通音律，會自己做琴，還寫了一部音樂理論專著《琴經》。

劉備聽聞諸葛亮才能無雙，三次登門拜訪，終於讓諸葛亮出山為他出謀劃策。

三顧茅廬

隆中對

《隆中對》整理了劉備拜訪諸葛亮時的談話內容，此後數十年蜀都以此作為基本國策。

諸葛亮多次攻打北方，積勞成疾，最終病倒，在五丈原的軍營中與世長辭。後世為了紀念諸葛亮，建立了武侯祠（cí）（漢昭烈廟）。這是中國唯一的一座君臣合祀（sì）祠廟，內有劉備殿、諸葛亮殿、惠陵等景觀。

星落五丈原

五次北伐

諸葛亮為了蜀的強大，七年間五次出兵攻打北方，但均以失敗告終。

七擒孟獲

白帝城託孤

諸葛亮出兵南方時，將當地首領孟獲捉住七次，放了七次，使孟獲心服口服，不再為敵。

劉備病重，囑託諸葛亮輔佐他的兒子劉禪，並說如果劉禪沒有治國天分，諸葛亮可以取而代之。諸葛亮發誓將以死效忠，全力輔佐劉禪。

綸（guān）巾
古代的頭巾，
又名諸葛巾

羽扇
用鳥的羽毛
製成的扇子

11

明戰暗戰，比不過赤壁之戰

三國時期最著名的三大戰役分別是官渡之戰、赤壁之戰和夷陵之戰。赤壁之戰是其中最精彩的一場戰役，也正式揭開了三國鼎立的局面。

孫權和劉備聯合起來對抗曹操。當時，曹操帶領的北方士兵不習慣坐船，於是曹操命人將船的首尾連接起來，這樣人在船上走就像在地面上一樣平穩。孫權的部下發現曹軍把戰船連在一起，雖然穩，但很難逃跑，就建議周瑜派人謊稱投降，然後用火船撞向曹軍的戰船，只要一艘船着火，其他的船也就無法倖免。最後這個計謀大獲成功，曹軍慘敗。

曹操將船的首尾連接起來，船雖然變穩了，但卻嚴重限制了船隊的移動，一船着火，船船着火。

先出發的火船成功衝入曹軍船陣中，周瑜等率領精銳士兵緊隨其後，奮勇向前，曹軍大敗。

孫權命將士在小船上裝上枯柴，澆上油，外面裹上帷幕，偽裝成投降的船。一靠近曹軍，就點燃小船。借着東風，小船行駛速度極快，迅速點燃了曹軍的船隊。

陰謀陽謀，能贏就是好計謀？

軍師的絕世計謀往往左右着三國之間的關係。

赤壁之戰後，曹操、劉備、孫權瓜分荊州的七個郡，劉備分得的土地十分不利於發展。

為了進一步壯大自己，劉備向孫權提出用荊州的半個江夏郡換孫權手中荊州的半個南郡，孫權最終答應了劉備的請求。

後來，孫權幾次想收回土地，劉備卻一再拖延，還派關羽鎮守，孫權大怒。雙方的合作關係因此破裂。

水淹七軍

關羽奉命攻打曹軍，發現曹軍將軍隊駐紮在低窪地區，於是下令立刻建造大船，並調水軍待命。大雨連下十多天，河水暴漲，引發山洪。大水湧入曹軍駐紮的低窪地區，曹軍全部被淹，最後只好投降。

白衣渡江

關羽駐守荊州時，孫權為奪取荊州，先讓將領呂蒙裝病，又讓接替呂蒙的陸遜給關羽寫信示弱，吹捧關羽。關羽逐漸放鬆了對孫權的警惕，把鎮守江陵的主力軍調走對付曹軍。

呂蒙抓住這個機會，讓士兵穿着普通百姓的便裝（古代稱便裝為白衣）假裝成商人，奪取了荊州。

火燒連營

劉備為報荊州被奪、關羽被殺之仇，率軍隊討伐孫權。孫權的將領見劉備的軍隊將營地建在極易着火的山林中，於是派士兵放火，火勢迅速蔓延，蜀軍大敗。

15

三國旅行指南

提到三國，人們往往會聯想到眾多英雄豪傑和精彩戰役，三國百姓們的生活是怎樣的呢？三國時期的人們吃甚麼食物？穿怎樣的衣服？住甚麼樣的房子？一起去看看三國百姓們的生活，了解更真實的三國吧！

住所

盛行樓閣式住宅。曹操命人修建的銅雀台是三國時期建築的巔峰代表。

飲食

採用分食制，吃飯的時候一人一張桌子。主食包括飯、粥、餅三大類。此時食用大豆已非常普遍，傳說關羽就曾開過豆腐店。三國時期能吃的蔬果至少有幾十種。因為戰亂，百姓的伙食都不太好。

傳說，曹操曾為宮女設計過「青黛眉」「連頭眉」兩種眉妝造型。

服飾

三國時期的服飾大致與漢朝相同，男服和女服款式都十分豐富，黑色、紅色最為尊貴，百姓只能穿素色。

經濟

由於東漢朝廷的崩潰，無人重鑄磨損不堪的銅錢。三國時期只好以布帛、穀粟等實物作為主要貨幣。雖然各國都推行過錢幣政策，但都不太成功。

文化

由於三國時人們長期處於戰亂之中，所以人們很推崇具備「玄德」（自然無為的德行）的人。

東漢已經發明了紙，但由於造價太高，竹簡的使用更為普遍。

娛樂活動

雖然長年戰亂，但三國時期貴族的娛樂活動還是很豐富的，下圍棋、擊劍、打馬球都是貴族們很喜歡的娛樂活動。

交通工具

馬車、牛車、驢車都是常見的代步工具。吳地處沿海地區，因此造船業十分發達。吳造的戰船，最大的上下五層，可載3000名戰士。百姓也常用民用船下海捕魚。

《三國演義》和《三國志》不一樣

《三國演義》是元末明初小說家羅貫中撰寫的小說，是中國古典四大名著之一。

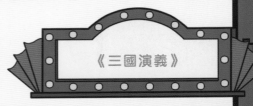

《三國演義》

為了突出諸葛亮「天下第一謀士」的形象，《三國演義》中把「空城計」的功勞給了諸葛亮。小說中，諸葛亮面對強大的敵軍，大開城門，平靜彈琴，嚇跑了敵軍，使得「空城計」被奉為妙計。

「草船借箭」是《三國演義》中的精彩片段，講述了諸葛亮用裝滿草把的船蒙騙敵人射箭進攻，一夜之間「借」到十萬支箭的絕世計謀。

我冤枉啊！

小說中的周瑜心胸狹隘，歷史上的周瑜卻是足智多謀，心胸開闊，風度翩翩。

《三國演義》除了情節精彩外，各路英雄好漢的「戰友情」也感動了不少讀者。劉備、關羽和張飛三兄弟「桃園結義」的故事就成了千古佳話，讓人印象深刻。

《三國志》

《三國志》是西晉史學家陳壽記載三國時期的魏、蜀、吳三國歷史的史書。

歷史上其實並沒有「空城計」，只有趙雲的「空營計」。趙雲被曹操的軍隊逼回營地後，打開營門，一個人淡然騎馬站在門前。曹操擔心有詐，於是撤兵。

歷史上諸葛亮沒有「借」過箭，孫權倒是靠「借箭」逃過一劫。一次戰役中，孫權戰船的一側被敵軍射滿弓箭，即將翻船，他下令調轉船身讓船的另一面也被箭射滿，使船身平衡，最後孫權安全撤退。

《三國志》中確實記載了劉備對待關羽和張飛親如兄弟，關係非常好。關羽也曾在酒後對朋友說，劉備對他恩重如山，他立誓要和劉備同生共死，但他們並沒有結拜！

華佗沒有給關羽「刮骨療傷」，因為關羽中箭毒的時候華佗已經去世十幾年了。

祕密武器大揭祕

三國兩晉南北朝時期的冶煉技術有了很大進步，武器的質量和
種類得到很大提升。由於各國之間經常打仗，競爭激烈，也促
使能人巧匠發明出大量武器，其中包括運送軍備的器具、攻守
城池的武器等。將領和士兵所穿鎧甲的質量也得到提升。

刀車
守城的武器，可以用來
撞開城門，也可以用來
替代城門起到阻攔敵人
的作用

諸葛連弩（nǔ）
據說是由諸葛亮發
明的一種可以十箭
連發的弓

巢車
一種供觀察敵情用的
瞭望車，車底部裝有
輪子，可以推動

井闌（lán）
可以移動的箭
樓，用來射擊
高處的敵人

木牛流馬
為前線運送糧食的工具

火獸
外形似獸，朱紅色，
能噴火的武器

魏晉時期的魚鱗甲
防護嚴密，是一種
普遍使用的鎧甲。

不僅人穿着鎧甲，就
連戰馬也有鎧甲。

拋石機
能扔出巨大的石頭砸毀敵人
的戰車，適用於遠程攻擊

狼牙拍
守城武器，可以
擊退從雲梯爬上
來的敵人

攻城塔
可以移動的塔樓，
士兵站在上面射
箭，靠近城牆後
能直接攻擊城牆
上的士兵

雲梯
用於攀越城牆的攻
城武器，可以推動，
配備有防盾、絞車
和抓鈎等器具

搭橋槍
將繫着繩子的長槍
射入城牆，做成簡
易橋樑，士兵從繩
子上攀爬而上

衝車
用來衝撞城牆或者城門
的主要武器

21

三國終結者司馬家族

魏國軍師司馬懿輔佐曹操和他的兒子們，在三國爭霸的殘酷戰爭中與諸葛亮齊名，戰功顯赫。誰也沒想到，魏、蜀、吳三國爭霸多年，最後一統江山的不是劉氏、孫氏，也不是曹氏，而是司馬家族！司馬懿、司馬昭、司馬炎，爺孫三人將司馬家族發揚光大，最終結束了三國亂世。

司馬懿

司馬懿晚年與將軍曹爽一起輔佐小皇帝曹芳時，受到曹爽的排擠，於是司馬懿整天裝病，等待機會。

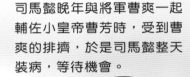

我病了！求放過。

司馬懿被曹操「半強制性」地招為部下，因能力太強等原因，曾引起曹操的戒備，多虧曹丕維護，才得以保全。

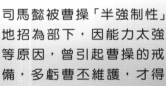

老爹你冷靜！

他不懷好意！

再耗幾天諸葛亮就累死了！

曹操去世後，司馬懿相繼輔佐曹丕、曹叡、曹芳幾任君主。

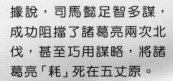

據說，司馬懿足智多謀，成功阻擋了諸葛亮兩次北伐，甚至巧用謀略，將諸葛亮「耗」死在五丈原。

終於，司馬懿抓住機會，以謀反的名義殺死了曹爽。從此，司馬家成了魏國實際上的統治者，皇帝形同傀儡。

司馬昭

公元 263 年，司馬懿的兒子司馬昭發兵攻打蜀，蜀漢皇帝劉禪投降，三國中的蜀滅亡。

救命！我投降！

攻下蜀不久後，司馬昭去世，司馬炎子承父業，逼當時魏的皇帝曹奐退位，自己做皇帝，建立西晉。三國中的魏滅亡。

司馬炎

蜀 魏 吳

東吳皇帝孫皓（hào）殘暴，司馬炎派兵攻打吳，三國中的吳滅亡。西晉統一天下。

23

任性夫婦把西晉拉入泥坑

司馬炎好不容易建立西晉，統一三國，卻在選擇繼承人上出現重大失誤。一對任性夫婦的登場，葬送了這段短暫的和平，百姓仍然生活在戰亂和貧窮之中。

司馬炎把皇位傳給了「傻」兒子司馬衷。這位傻皇帝曾說：「百姓既然沒飯吃，為甚麼不喝肉粥呢？」

真笨，沒有飯就吃肉嘛！

白癡當皇帝

悍婦飯皇后

白痴皇帝的皇后賈南風相貌醜陋，自私殘忍，為了權力害死了很多人，是「八王之亂」的罪魁禍首。

八王之亂

皇帝無能，權力落在了賈皇后的手上，她為了自己的利益，陷害大臣、謀殺皇子，引起皇族不滿，釀成「自己人打自己人」。這場內亂持續了十六年，由於參與者主要是八個皇族，所以史稱「八王之亂」。

賈南風被毒死
因為太子不是自己的親生兒子，於是賈南風用計廢掉太子，又殺死了太子。太子被殺讓很多人非常憤怒，於是他們聯合起來廢掉了賈南風的皇后之位，並毒死了她。

司馬家輝煌不再

賈南風死後，皇族的內亂仍在繼續，每一個暫時得到皇權的人都很快被殺死。

相傳，八王中的最後勝利者司馬越毒死了「傻皇帝」。新立了一個傀儡皇帝後，司馬越從此手握大權。

萬萬沒想到的是，沒多久他竟病死在了戰場上，傀儡皇帝也被擄走。司馬家的輝煌結束了，西晉王朝也進入尾聲。

以後你要聽我的。

炫富米蟲吃空國庫

王愷和石崇是西晉有名的大富豪，兩人為了比富，把蠟燭當柴火燒、又用名貴綢緞鋪設上萬米的屏障。

富豪壓榨百姓，皇族不理朝政，遊牧民族不斷攻打西晉侵佔領土，北方百姓生活得十分艱難，於是紛紛離開家鄉，搬至南方。這也是中國歷史上規模較大的一次人口遷移。

25

永別了，家鄉！

糾結的東晉誕生了

西晉沒了皇帝，北方的少數民族和各路諸侯瘋狂地建立了大大小小幾十個「國家」。北方殘留的皇族、貴族只能紛紛逃往南方。

皇族司馬睿逃往南方，在建康建立都城，史稱「東晉」。

司馬睿

天下是我們三人的！

王與馬，共天下

司馬睿初到南方時沒有甚麼勢力，主要依靠出身名門望族的王導、王敦兩兄弟的幫助。王導被封為丞相，王敦任大將軍，他們一文一武幫助司馬睿穩固了東晉的局面，兩人的權力和地位極高。

聞雞起舞的祖逖（tì）

祖逖是東晉時期少有的以收復北方國土為願望的將領。每天雞叫後就起牀練劍，堅持多年。後來成為將軍，果然成功奪回不少北方的土地。

三次北伐的桓（Huán）溫

桓溫與祖逖不同，他北伐的目的更多是為了自己的權力和威望。桓溫三次北伐雖然都失敗了，但也取得了一定的成績。

君臣不是一條心，北伐結局很尷尬

東晉在要不要北伐問題上一直意見不一，一部分人想要返回家鄉，奪回國土，一部分人卻不想離開南方，畏懼北方敵人。在這種情況下，北伐怎能成功？

祖逖向司馬睿提出北伐，收復河山。朝廷卻畏懼北方的敵人，不想北伐，於是只給了祖逖千人的軍糧和三千匹布讓他北伐。

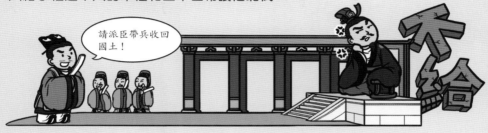

祖逖帶着少量人馬開始北伐，得到各地人民的響應，收復了大片失地，使敵人不敢攻打東晉。東晉朝廷卻畏懼祖逖的勢力，不重用他，導致他心灰意冷，含恨而死。

桓溫曾帶兵奪回了過去西晉的首都洛陽。他興奮地上奏東晉朝廷，希望朝廷把首都搬回洛陽。但東晉的皇族習慣了南方安逸的生活，不願遷都。桓溫只好撤兵，北伐又失敗了。

南北迎來第一次決戰

西晉滅亡後，北方地區陸續建立了很多國家，統稱「十六國」。這些國家為了爭奪地盤，戰爭不斷。一個叫「前秦」的國家，在國主苻（Fú）堅的帶領下，把其他人打敗了變得強大，最終統一了北方地區。

苻堅帶領「百萬大軍」向南方的東晉發起進攻，想要攻佔南方，統一天下。

南北對決，這場戰役就是歷史上著名的淝水之戰。最終前秦被打敗，甚至連「北方老大」也當不成，北方地區再次陷入混戰局面。

淝水之戰後，北方地區混戰了五十多年。公元 439 年，北方才被一個叫「北魏」的國家重新統一。由此掀開了南北對峙的序幕。

這一時期，東晉終於迎來了東晉歷史上在位時間最長的皇帝孝武帝。當時的宰相謝安是一位有氣度、有謀略的朝廷重臣，曾挫敗桓溫篡位的意圖。

北方「百萬大軍」攻來時，東晉只有八萬軍隊，但謝安卻淡定地與友人下棋，絲毫不驚慌。

東晉在淝水之戰中以八萬軍隊戰勝前秦「百萬雄師」，使東晉獲得了很長一段時間的和平。可惜東晉君主的才華與品德都很平庸，東晉逐漸變弱。

公元 420 年，東晉將領劉裕廢掉了當時的皇帝，自己當上王，建立宋，史稱南朝宋，東晉正式滅亡。

晉代名流的五大怪

第一怪：讚美男子容顏的文字特別多

晉代文學作品中有很多讚美男子容顏的語句，數量之多，在任何一個朝代都難得一見。

傳說，美男衞玠（jiè）上街，常常被圍觀的「粉絲」擠得寸步難行，衞玠本就身體虛弱，受不了勞累，最終生病而死。

美男潘安駕車上街，大家為了表示對他的喜愛，紛紛把水果往他的車裏丟。

第二怪：我行我素的名士多

「七賢」指嵇（Jī）康、阮籍、山濤、向秀、劉伶、王戎、阮咸七人，因常在竹林裏喝酒、唱歌，被稱為「竹林七賢」。這幾個人不追求名利，只喜愛無拘無束的生活。「酷愛喝酒」是他們的一大特點。

劉伶喝醉了常常脫光衣服到處亂跑。

阮籍為了逃婚，已經醉了60天！

阮籍為了躲避他人提親，竟然用連醉60天的方式來應對。

不急，不急。

第三怪：「裝模作樣」真的很重要
對於魏晉時期的名士來說，有風度的重要標誌就是「淡定」。即使家裏着火了也不能慌亂地跑出去，必須優雅地等待僕人來攙扶着慢慢離開。

阮先生，老夫人去世了！

知道了！

傳說，阮籍聽聞母親去世時正在下棋，但他仍然面不改色地繼續下棋，直到棋局結束，才吐血暈倒。

換個地方繼續「清談」吧！

第四怪：
「吃藥」是很時尚的事
魏晉時期，貴族很愛吃一種名叫「五石散」的藥。傳聞吃了這種藥，會讓皮膚變得非常白皙。但這種藥有一定毒性，服用後會讓人全身燥熱，精神亢奮，嚴重時會導致發狂、死亡。

第五怪：談國家大事會被「鄙視」
當時社會上盛行「清談」之風。文人、名流相遇，誰要是談論治理國家這樣的「正事」，就會被諷刺為談「俗事」。相反，拋開國事，談老莊、周易等思想理論，則會被奉為高雅的事。「清談」的形式類似於現在的辯論賽。

31

躲不開分裂命運的北朝

「南北朝」不同於「隋朝」「唐朝」等朝代，因為南北朝不是特指一個朝代，而是北方五朝（北魏、東魏、西魏、北齊、北周）與南方四朝（宋、齊、梁、陳）的總稱。

拓跋（bá）家族統一了混戰的北方，建立魏，史稱北魏，這是南北朝時期北方地區的第一個朝代。

劉裕結束了東晉王朝的統治，建立宋，史稱南朝宋，這是南北朝時期南方地區的第一個朝代。

北魏？東魏？西魏？北朝太亂了

北魏後期，各地紛紛爆發起義，爾朱榮是多次鎮壓起義的大功臣。在鎮壓起義的過程中，他的軍事力量不斷增強，還提拔了很多軍事人才，其中就有高歡和宇文泰。

爾朱榮殺死舊帝，立元子攸（yōu）為傀儡皇帝，不久後他被傀儡皇帝用計殺害。爾朱榮一死，北魏大亂，最終分裂成東魏和西魏。

東魏由高歡控制，西魏由宇文泰控制。東魏和西魏一直戰爭不斷。

東魏和西魏之間最著名的戰役是「玉璧之戰」。東魏丞相高歡帶兵攻打西魏，玉璧城是必奪之地，東魏苦苦攻城60多天，最終還是失敗了，高歡也因此鬱鬱而死。

高歡和宇文泰死後，他們的後代都廢掉了傀儡皇帝，建立了新政權。高歡的後代建立了北齊，宇文泰的後代建立了北周。

皇帝位

皇帝位

這就叫「螳螂捕蟬，黃雀在後」！

最終北周滅掉北齊，再一次統一了北方。但北周皇帝昏庸，皇后的父親楊堅便獨掌大權，取代北周，建立隋朝，繼續與南朝陳抗衡。

古怪皇帝特別多的南朝

南方雖然沒有像北方一樣再次分裂，卻也經歷了四個朝代的更替。
每個朝代都斷送在那些昏庸無能、有古怪「愛好」的皇帝手中。

南朝的第一個朝代是宋。宋的開國皇
帝劉裕是個明君，他努力工作、降低
稅收、重視教育，百姓的生活大有改
善，有「南朝第一帝」之稱。

皇帝發瘋啦！
快跑！

宋的第八任皇帝劉昱
（yù）非常殘暴，殺人
成癮，甚至還到街上
隨意砍殺百姓，最終
被大臣蕭道成殺死。

蕭道成自立為帝，建立齊朝。他提倡節
儉，反對奢靡，並以身作則，將宮殿中
的金銀器具全部換成鐵器，身上也不再
佩戴玉佩等飾品。

齊朝皇帝蕭寶卷喜歡玩樂，國家
雖然窮，他仍修建了三座豪華宮
殿，還在宮中開設集市，自己裝
作商販，由貴妃管理集市。齊朝
日漸衰敗，敵軍來襲時，蕭寶卷
被屬將殺害。

皇上再不回去，國庫就空了！

梁武帝蕭衍建立梁朝後，做了四十八年的皇帝，前期政績不錯，後期痴迷佛教，建了很多寺廟，為了給寺廟籌集錢財，甚至幾次出家，再由大臣花重金把他贖回去。

梁朝末期，大將侯景造反，把皇帝蕭衍困在宮中活活餓死。不過侯景沒有高興多久，這場造反很快就被將軍陳霸先等人平定。不久後梁朝皇帝禪位，陳霸先建立陳朝。雖然陳霸先是一代明君，但侯景之亂給南方經濟帶來了很大傷害，加大了南方與北方的實力差距。

陳朝最後一個皇帝陳叔寶是個昏君，不理朝政，每天與美女喝酒作詩。這時北方已經被隋軍統一，國力強盛的隋輕而易舉就滅掉了陳。陳叔寶嚇得帶着兩個妃子跳進井裏躲避。

快跳呀！

興建寺廟成風尚

南北朝時期，儒家、佛家、道家三種思想互相排斥又互相融合。建於這一時期的懸空寺是中國僅存的佛、道、儒三教合一的獨特寺廟。寺廟建在懸崖峭壁上，堪稱世界建築奇跡。

當時的統治者認為佛教思想可以幫助治國，於是大肆宣揚佛教，建立佛寺。據說北魏的都城內佛寺多達千餘座。

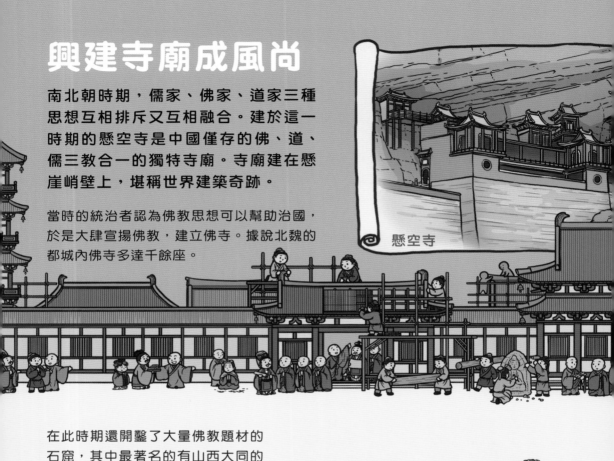

懸空寺

在此時期還開鑿了大量佛教題材的石窟，其中最著名的有山西大同的雲岡石窟和河南洛陽的龍門石窟。

青瓷蓮花尊

它是南北朝時期遺留下來的珍貴文物。由於當時佛教盛行，蓮瓣或蓮花紋被廣泛運用於器物的裝飾。（蓮花與佛教的關係十分密切）

范縝（zhěn）認為佛教氾濫給社會帶來了危害，於是撰寫了《神滅論》，發起反佛鬥爭。

佛教盛行導致很多年輕人出家做和尚，不娶妻生子，人少了，很多工作沒人做，國家發展變慢。魏太武帝拓跋燾（tāo）為了統一北方，需要大量士兵，於是下令凡是 50 歲以下的和尚必須還俗當兵，並下令拆除了很多寺廟。

快去替我尋仙！

遵旨，陛下！

拓跋燾認為服用丹藥可以長生不老，曾命人，尋找煉製丹藥的方法。

煉「仙丹」雖然很荒謬，但煉丹術卻意外地導致了火藥的發明。中國四大發明之一的火藥就是因為煉丹師在煉丹過程中引起了爆炸，才逐漸被發現和利用的。

硫磺 ＋ 硝石 ＋ 木炭 ＝ 爆炸

鐵面將軍與戰爭女神

蘭陵王高長恭是北齊著名的將領。傳說他的相貌比女人還要美麗，敵人看見了，都覺得他不厲害。於是他命人製作了一些面目猙獰的面具，每逢出戰都會戴上面具。

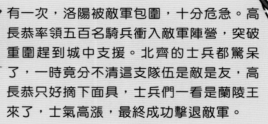

有一次，洛陽被敵軍包圍，十分危急。高長恭率領五百名騎兵衝入敵軍陣營，突破重圍趕到城中支援。北齊的士兵都驚呆了，一時竟分不清這支隊伍是敵是友，高長恭只好摘下面具，士兵們一看是蘭陵王來了，士氣高漲，最終成功擊退敵軍。

戰後，士兵們對高長恭十分崇拜，紛紛戴上面具，邊唱邊跳，慶祝勝利，由此誕生了大名鼎鼎的《蘭陵王入陣曲》。

蘭陵王不僅英勇善戰，對待部下也十分寬厚，在軍隊中聲望極高，這引起了皇帝的猜忌。最終，皇帝用一杯毒酒殺死了他。

花木蘭是南北朝時期一個傳說色彩極濃的巾幗（guó）英雄，她的故事因《木蘭辭》這首著名民歌流傳至今。

花木蘭從小就跟着父親學習騎馬、射箭。

當時，朝廷規定每家都要派出一名男子上戰場，但是花木蘭的父親年紀大了，弟弟年紀又小，所以，她決定替父從軍，從此開始了長達十餘年的軍旅生活。

十幾年來，花木蘭在戰場上英勇殺敵。凱旋回家時，朝廷想要封她做官，但被她婉言拒絕，花木蘭請求皇帝能讓她回家孝敬父母。

木蘭回到家，父母和弟弟都非常高興。木蘭終於換回女裝。當她出門拜謝送她回家的戰友時，戰友們十分驚訝。

全民參加漢化「輔導班」

由於北方各族人民長期雜居，北魏統一北方時，其他各族的生活習慣已經與漢族沒有太大區別。而北魏拓跋皇族還保留着鮮卑族的習俗，要治理好廣大的北方困難重重，於是孝文帝決心遷都和漢化。

遷都乃是無奈之舉

北魏首都平城存在很多問題，嚴重影響北魏的發展壯大，遷都是唯一的解決方案。

北魏首都的地理位置不佳，經常受到敵人的威脅。

當時，平城的自然條件惡劣，經常發生自然災害，糧食產量非常有限。

各位怎麼看！

平城作為北魏都城，已有近百年的歷史，住在裏面的人十分頑固，常常阻撓孝文帝的各種改革政策。

孝文帝為了增強國力，克服各種阻力，以「攻打南方」為藉口成功將首都從平城搬到洛陽，同時大力推行全民漢化。

「漢化改革」涉及政治、經濟、文化等方方面面，孝文帝不僅自己帶頭實行，還要求皇族、百官和百姓嚴格執行。這些政策增強了北魏的綜合實力，促進了民族的融合。

通婚姻

孝文帝帶頭迎娶漢人女子，並鼓勵皇族其他成員與漢族通婚。

改漢姓

孝文帝下令把鮮卑族人的姓氏（通常是複姓）改為漢人單姓。

改裝髮

孝文帝調整騎馬民族服裝樣式，服飾風格逐漸往典雅寬鬆的漢族衣冠風格發展。

說漢語

孝文帝規定漢語是官方語言，30歲以下在朝廷做官的人必須說漢語。

尊孔子

孝文帝下令修建孔廟，給予孔子後裔土地與銀錢，讓他們可以繼續祭祀孔子。

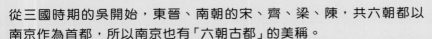

六朝古都南京

從三國時期的吳開始，東晉、南朝的宋、齊、梁、陳，共六朝都以
南京作為首都，所以南京也有「六朝古都」的美稱。

最早在南京建都的是吳。當時的南京
前有長江，後有懸崖，易守難攻，擁
有天然的軍事屏障。吳國人將石頭山
修建成石頭城，是一
處堅固的軍事要塞。

南北朝時期的南京城內學館眾多。學館開始進行
分科，設立了儒學、玄學、文學、史學四所科
目不同的學館，培養人才，出現了《文心雕龍》
《世說新語》等著作。

相傳，東晉時，許多名門望族都住在一條巷子裏。他們都喜歡穿黑色衣服以顯示身份尊貴，所以這條巷子被稱為「烏衣巷」。

東晉之後，宋、齊、梁、陳四朝依次定都南京。此時佛教盛行，南京城內處處是寺廟，僧人多達數萬人。

造船業特別發達，當時製造的大船能承受 2000 噸的重物。碼頭常年停泊着數以萬計的商船。

城內市場分工細化，人們購買糧食、瓦器、紙張、香料等都可以找到專門的店鋪。

亂世中的科學研討會

三國兩晉南北朝時期是個亂世，然而亂世中卻出現了科學技術高速發展的罕見局面，是古代科技史中的「黃金時代」。

《脈經》
醫學著作

《齊民要術》
農業學著作

《抱朴子》
道教經典

《水經注》
地理著作

《大明曆》
天文學著作

王叔和對脈學很有研究，治好了許多病人，他的名聲逐漸傳遍了整個洛陽城。後來，王叔和經過幾十年的精心研究，終於寫成了中國第一部完整而系統的脈學專著《脈經》。

古代煉丹術興起於秦，在南北朝時期進入成熟階段，出現了葛洪、陶弘景這樣的大煉丹家。中國古代許多重要的化學現象和材料都是煉丹家最先發現並記錄下來的。

賈思勰（xié）撰寫的《齊民要術》被稱作中國古代農業百科全書，其他國家在三四百年後才出現同類書籍，有的國家甚至直到千年之後才出現。

 農業學

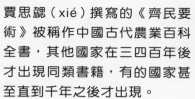

 天文學 祖沖之撰寫的《大明曆》是當時最科學、最先進的曆法，對後世的天文研究提供了極大幫助。

 數學 祖沖之還首次將「圓周率」算到小數點後第七位，他提出的「祖率」對數學研究有重大貢獻。

機械學 這一時期，機械技術有了很大進步，很多機械性的武器以及水磨等農具都發明於此時。

 地理學 酈（Lì）道元的《水經注》既是一部內容豐富的地理著作，也是一部優美的山水散文集，酈道元被稱為中國遊記文學的開創者。

45

世界大事記

1. 公元 224 年，阿爾達希爾一世建立薩珊王朝。薩珊王朝取代了當時被視為亞歐四大強國之一的安息帝國，與羅馬帝國共存了超過四百年。

7. 公元 468 年，東羅馬和西羅馬合作，一起向汪達爾王國發動進攻，但是東羅馬帝國卻在戰爭中慘敗，西羅馬帝國也耗盡了一切戰鬥力量，無力再發動大規模戰役。

2. 公元 284 年，戴克里先成為羅馬帝國的皇帝，解除了羅馬帝國面臨的種種危機，並推行「四帝共治制」。

6. 公元 4 世紀，匈奴帝國的國力強大。他們大舉入侵歐洲，先後攻擊了東羅馬帝國和西羅馬帝國。

8. 公元 5 世紀初，日本大和國基本統一了日本列島，開始了和中國的交往，曾多次派遣使者向南朝宋朝貢。

3. 公元 313 年，羅馬皇帝君士坦丁一世頒佈《米蘭敕（chì）令》，承認基督教為合法宗教。17 年後，他將羅馬帝國的首都從羅馬遷到拜占庭，並將該地改名為君士坦丁堡。

4. 公元 320 年，印度人創建了第一個大帝國笈多帝國。東晉高僧法顯赴印度求法，歸國後在撰寫的《佛國記》中，描寫了笈多王朝。

5. 公元 395 年，強盛多年的羅馬帝國分裂為東羅馬帝國與西羅馬帝國。

9. 公元 6 世紀初，喀瓦德一世重新掌權後，帶領薩珊王朝走向第二個黃金時代。

10. 公元 526 年，東羅馬皇帝下令編纂法典，即《查士丁尼法典》，該法奠定了後世民法學的基礎，是法學研究者研究民法學不可或缺的重要文獻資料之一。

三國・兩晉・南北朝
大事年表

公元 220 年，魏建立，曹丕稱帝。

公元 221 年，蜀建立，劉備稱帝。

公元 222 年，吳建立，孫權稱帝。

公元 265 年，司馬炎代魏稱帝，魏滅亡，西晉建立。

公元 317 年，西晉滅亡。

公元 317 年，司馬睿在建康即位，東晉開始。

公元 420 年，劉裕建立南朝宋。東晉滅亡，南北朝開始。

公元 439 年，北魏統一北方。

公元 581 年，楊堅稱帝，建立隋朝，北周滅亡。

公元 589 年，隋滅南朝陳，完成統一。

注：本書歷代紀元以《現代漢語詞典》（第 7 版）為參考依據。